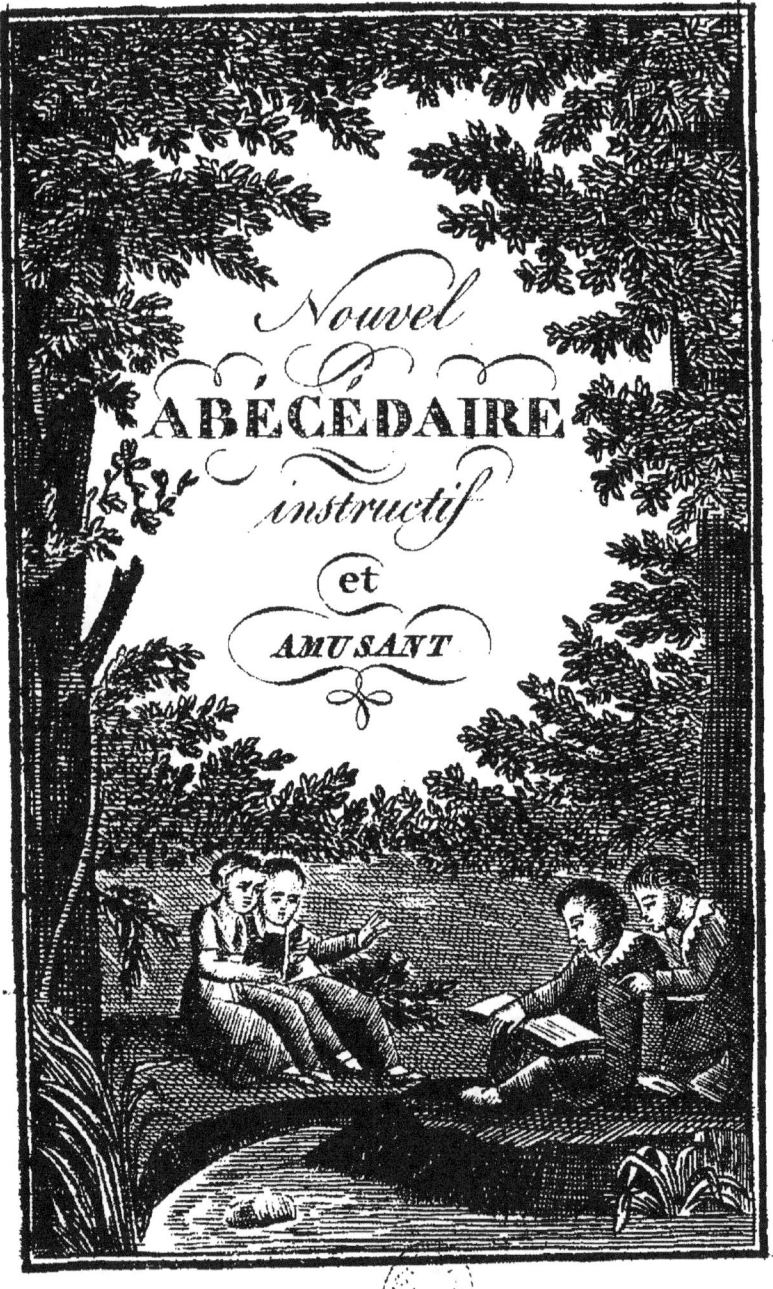

NOUVEL
ABÉCÉDAIRE

INSTRUCTIF ET AMUSANT;

Contenant des Fables, des Fragments curieux d'Histoire Naturelle, suivi des principales règles de l'Orthographe,

ET ORNÉ DE 26 FIGURES GRAVÉES.

VINGT-SEPTIÈME ÉDITION.

A PARIS,

Chez LE PRIEUR, Libraire, rue des Mathurins-S.-Jacques, hôtel de Cluny.

1823.

DE L'IMPRIMERIE DE A. BELIN,
Rue des Mathurins-Saint-Jacques, hôtel Cluny.

a	b
c	d
e	f

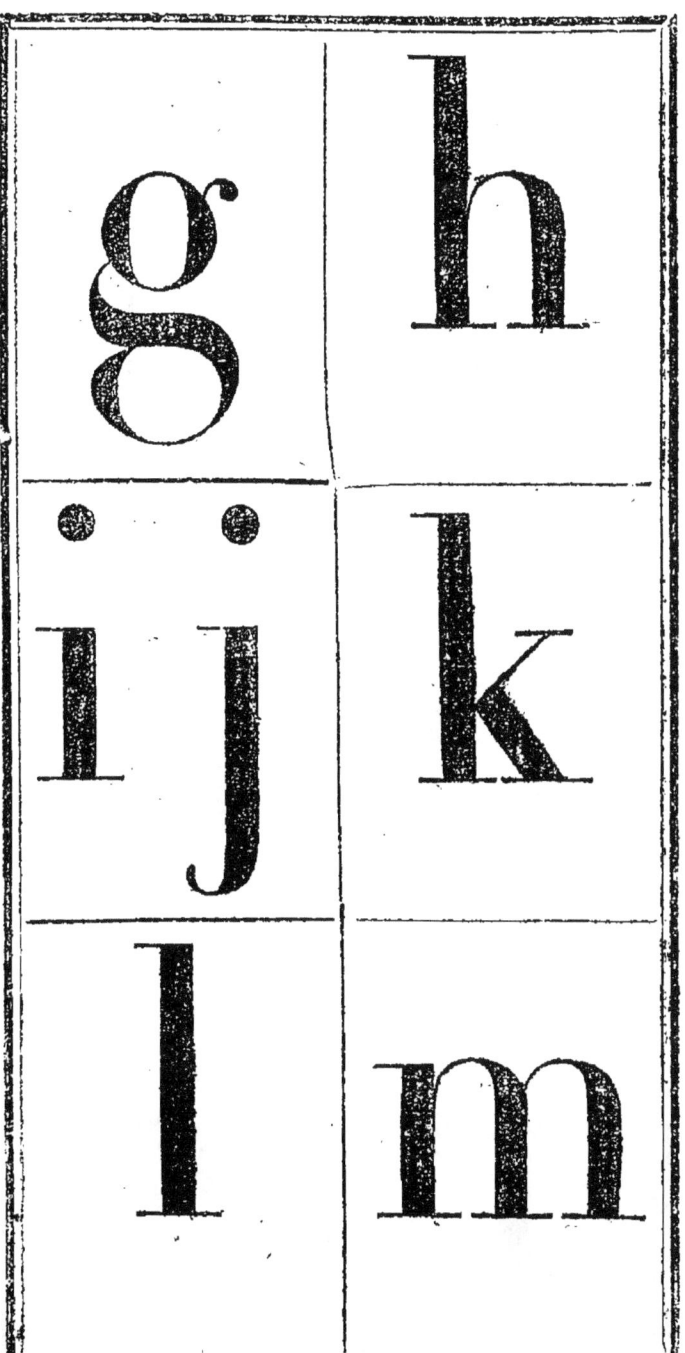

n	o
p	q
r	s

t	u
v	x
y	z

(7)

A B C D

E F G H

I J K L

M N O P

Q R S T

U V X Y Z.

a b c d

e f g h

i j k l

m n o p

q r s t

u v x y z.

A B C D

E F G H

I J K L

M N O P

Q R S T

U V X Y Z.

a e i ou y o u
ba be bi bo bu
ca ce ci co cu
da de di do du
fa fe fi fo fu
ga ge gi go gu
ha he hi ho hu
ja je ji jo ju
ka ke ki ko ku
la le li lo lu

ma me mi mo mu
na ne ni no nu
pa pe pi po pu
qua que qui quo qu
ra re ri ro ru
sa se si so su
ta te ti to tu
va ve vi vo vu
xa xe xi xo xu
za ze zi zo zu.

(*Mots à épeler.*)

Pa pa.   Gâ teau.
Ma man. Pain.
A mi.   Cou teau.
Cou sin. Four neau.
Pom me. Poi re.
Chat.   Sou ris.
Chi en. La pin.
Rat.   Bla ser.
Bal lon. Bre bis.
Bou le. Cli mat.

Cro quet.
Dra gon.
Flam me.
Gre lot.
Trom per.
Re çu.
Cher cher.
Mon ta gne.
Phi lo so phe.
Thé.
Mai son.

Lettres accentuées.

é　　　　　(aigu).
à è ù　　　(graves).
â ê î ô û (circonflexes).
ë ï ü　　　(tréma).

Pâ té.

Mè re.

Pâ tre.

Mê me.

Maî tre

A pô tre.

Hé ro ï ne.

Lettres doubles et liées ensemble.

æ	œ	fi	ffi
fi	ffi	fl	ffl
ff	sb	fl	ff
ct	ft	w	&.
æ	*œ*	*fi*	*ffi*
fi	*ffi*	*fl*	*ffl*
ff	*sb*	*fl*	*ff*
ct	*ft*	*w*	*&.*

———

Œil.
Œuf.
Bœuf.

(Mots plus difficiles à épeler).

In di gna ti on.
Pa ti en ce.
In di vi si bi li té.
Or phe lin.
I ne xo ra ble.
Scor pi on.
Zo dia que.
Pa trouil le.
Citrouil le.
Bouil li.

Vo lail le.
Ail.
Co quil la ge.
Li ma çon.
Cuir.
É pi lep sie.
Fau teuil.
Feuil le.
Ex cel lent.
Phra se.
Prin temps.

(*Phrases à épeler.*)

J'ai me mon pa pa.

Je se rai bien sa ge, et l'on m'ai- me ra bien.

J'i rai me pro- me ner tan tôt, si le temps est beau.

Quand j'au rai bien lu ma leçon, on me donne ra des dragées.

FABLE A ÉPELER.
LE MOINEAU ET SES PETITS.

Un Moi neau a voit pla cé son nid dans le trou d'un mur. Au cu ne bê te mal fai san te n'y pou voit par ve nir.

Le Moi neau é le voit tran quil le ment sa fa mil le. Il au roit é té heu reux, si ses pe tits eus sent vou lu l' é cou ter; mais à cha que ins tant ils ve noient sur le bord du nid; le pau vre oi seau trem bloit, dans la crain te de les voir tom ber.

Il leur di soit de se te nir dans le fond du nid, mais ils ne le vou loient point.

Un jour qu'il é toit

sorti, ils se firent un plaisir de lui désobéir. Ils s'éloignèrent plus que les premières fois ; ils furent si loin, qu'ils tombèrent par terre. Ils n'avoient pas encore de plumes aux ailes ; ils ne purent se sauver.

Alors ils se repentirent bien de leur imprudence ; mais il n'étoit plus temps.

Un gros chat qui passoit par là, les vit; il n'a voit pas dî né, et il les cro qua sur-le-champ. C'est ain si qu'ils furent pu nis de leur déso bé is san ce.

Ce la vous ap prend, mes en fants, qu'il faut o bé ir à vos pè res et mè res.

HISTOIRE

Des Animaux gravés dans ce Livret.

A. Autruche.

L'Autruche est un très-grand oiseau, dont les plus belles plumes servent à parer les chapeaux des dames. On le trouve dans les déserts de l'Afrique, qui sont des pays extrêmement chauds, et couverts de sable.

L'Autruche ne vole pas, mais elle court si vite, si vite, qu'un bon cavalier ne peut la joindre dans sa course. Tout en fuyant, elle sait se défendre ; elle ramasse des pierres, et les lance avec tant de roideur qu'elle pourroit tuer un homme. Quand elle est bien lasse, et qu'elle voit que les chasseurs vont la prendre, elle s'arête et se contente de cacher sa tête.

Cet oiseau pond douze à quinze œufs gros comme la tête d'un enfant ; il a soin de les cacher dans le sable, dont la chaleur leur est favorable. Ces œufs sont fort bons à manger ; la coquille en est aussi utile ; elle est si épaisse qu'on s'en sert comme d'un vase de porcelaine.

B. Baleine.

La Baleine est le plus gros de tous les poissons de la mer et de tous les autres animaux ; c'est comme une maison ; elle a jusqu'à cent pieds de long. Sa bouche est si grande, si grande, que trois à quatre hommes pourroient y entrer. C'est avec ses dents qu'on fait une espèce de baguettes pliantes qu'on appelle *baleines*. On dit que ce poisson est si fort qu'il peut renverser un petit vais-

seau d'un coup de queue. Sa peau est noire et fort dure.

La Baleine ne fait qu'un petit à la fois; mais ce petit a jusqu'à trente pieds de longueur.

Vous avez vu des poissons, et vous savez bien qu'ils n'ont point de lait à donner à leurs petits; eh bien! la Baleine, contre l'ordinaire des poissons, a du lait comme une vache, et son petit Baleineau la tette comme un veau.

On a bien du mal pour pêcher un si grand poisson; on ne le peut sans être beaucoup de monde. Lorsqu'on aperçoit la Baleine, on lui jette un crochet de fer attaché à un câble; ce crochet lui entre dans la peau; elle veut s'enfuir, on lâche le câble, et, lorsqu'elle est morte, on la retire par le moyen de la corde et du crochet.

On ne la pêche guère que pour avoir sa graisse, qui est en grande quantité, et que l'on met fondre dans des chaudières. Cette graisse, que l'on nomme Huile de Baleine, sert à brûler, à adoucir le cuir, et à nombre d'autres usages.

C. Chameau.

Oh! qu'il est drôle, cet animal, avec ses deux bosses sur le dos! C'est un Chameau. Dans le pays où il naît, il sert à porter des fardeaux, comme le Cheval chez nous.

C'est un animal qui n'est pas du tout méchant. Il est très-fort;

et lorsqu'il est bien chargé, il marche plus facilement, si l'on chante à côté de lui : il aime la gaieté.

Voyez comme Dieu a bien disposé tout ce qu'il a créé! le Chameau naît dans des pays tout couverts de sable brûlé par le soleil, et où il faut marcher plus de cent lieues sans rencontrer d'eau : eh bien! le Chameau peut rester neuf à dix jours sans boire. Il est aussi extrêmement sobre ; une pelotte de pâte lui suffit pour sa nourriture d'une journée.

Cet animal est d'une utilité étonnante ; mais il est si haut, qu'il seroit bien difficile de le charger, si on ne lui apprenoit pas à s'accroupir ; ce qu'il fait chaque fois qu'on veut lui mettre quelque chose sur le dos. Il ne refuse de marcher que lorsqu'il est trop chargé ; alors il jette des cris lamentables, bien propres à attendrir un maître injuste.

D. Daim.

Cet animal-ci est fort joli ; on diroit que c'est un petit Cerf ; il porte un bois ou des cornes presque comme lui.

Quoiqu'assez ressemblans, les Daims et les Cerfs ne sont cependant pas amis ; ils ne se recherchent que pour se battre, et leurs combats sont assez singuliers.

Les Cerfs vont par troupes, les Daims ont la même habitude. Ils ont à leur tête un chef, et ce chef est ordinairement le plus âgé ;

c'est lui qui marche le premier, et qui a l'air de déterminer tous les mouvemens de la troupe. Lorsque les Cerfs veulent un lieu qui convient aussi aux Daims, ces derniers vont les attaquer en ordre; ils livrent leurs combats avec précaution, se soutiennent et se secourent. Les vaincus sont obligés de fuir.

La peau de Daim est très-estimée; on en fait des culottes et des gants.

E. Éléphant.

C'est aussi un bien gros animal, que l'Eléphant; quand on le voit se mouvoir, on croiroit que c'est une petite montagne qui s'agite. Sa couleur est terreuse; sa peau est extrêmement dure, et ressemble à un vieux cuir de carrosse.

Sa forme est très-peu élégante; cependant gardons-nous bien de le mépriser. C'est l'un des animaux le plus adroit et le plus raisonnable. Entre les deux longues défenses d'ivoire qui sortent de sa bouche, pend une trompe avec laquelle il fait une infinité de choses. Il la ploie et déploie à sa volonté; cette trompe est un long nez, et ce nez lui sert de main.

Vous me demanderez comment un nez peut prendre quelque chose: en voici l'explication. Quand l'Eléphant veut enlever un objet quelconque, il respire fortement ; l'objet s'attache au bout de sa trompe, et il peut enlever ainsi jusqu'à deux cents livres pesant.

C'est avec sa trompe qu'il porte son manger à sa bouche. Quand il a soif, il remplit cette trompe d'eau, et boit ensuite.

Cet animal, quoique extrêmement fort, n'est point méchant. Il ne se met en colère que lorsqu'on l'offense; alors il dresse ses oreilles et sa trompe, et c'est avec cette trompe qu'il renverse les hommes ou les jette au loin, arrache les arbres et soulève tout ce qui lui fait obstacle.

L'Eléphant porte sans peine plusieurs hommes sur son dos. En Asie, on met des espèces de petites maisons bien légères sur lui, et là-dedans on voyage fort à son aise.

Cet animal si massif aime la musique et suit la cadence en

marchant. Il a autant d'esprit qu'il paroît en avoir peu : en voici une preuve.

Un Éléphant fort apprivoisé alloit assez souvent tendre sa trompe à la porte d'un tailleur ; celui-ci s'avisa de le piquer légèrement avec son aiguille. L'Éléphant ne s'en fâcha point. Un autre jour il vint tendre encore sa trompe ; on la piqua ; aussitôt il fit jaillir, comme d'une grosse seringue, une quantité d'eau sur le pauvre tailleur, qui en fut inondé ; et l'animal s'en fut ensuite, satisfait de s'être vengé d'une manière si comique. Il avoit conservé dans sa trompe toute l'eau qui lui avoit été nécessaire pour sa vengeance. Vous voyez que l'Eléphant a autant de douceur que de raison ; car il falloit raisonner et n'être point méchant pour se venger ainsi. Un enfant espiègle n'en eût pas fait davantage.

F. Faisan.

Cet oiseau, qui ressemble un peu au Coq ordinaire, a un très-joli plumage nuancé de vert, de brun et de couleur d'or. Il vit dans les bois.

Les chasseurs sont très-joyeux quand ils le rencontrent et peuvent l'attraper. Sa chair est un mets très-friand et recherché.

Le Faisan fait son nid à terre, dans les buissons les plus épais; il a jusqu'à sept ou huit petits.

marchant. Il a autant d'esprit qu'il paroît en avoir peu : en voici une preuve.

Un Éléphant fort apprivoisé alloit assez souvent tendre sa trompe à la porte d'un tailleur ; celui-ci s'avisa de le piquer légèrement avec son aiguille. L'Éléphant ne s'en fâcha point. Un autre jour il vint tendre encore sa trompe ; on la piqua ; aussitôt il fit jaillir, comme d'une grosse seringue, une quantité d'eau sur le pauvre tailleur, qui en fut inondé ; et l'animal s'en fut ensuite, satisfait de s'être vengé d'une manière si comique. Il avoit conservé dans sa trompe toute l'eau qui lui avoit été nécessaire pour sa vengeance. Vous voyez que l'Éléphant a autant de douceur que de raison ; car il falloit raisonner et n'être point méchant pour se venger ainsi. Un enfant espiègle n'en eût pas fait davantage.

F. Faisan.

Cet oiseau, qui ressemble un peu au Coq ordinaire, a un très-joli plumage nuancé de vert, de brun et de couleur d'or. Il vit dans les bois.

Les chasseurs sont très-joyeux quand ils le rencontrent et peuvent l'attraper. Sa chair est un mets très-friand et recherché.

Le Faisan fait son nid à terre, dans les buissons les plus épais; il a jusqu'à sept ou huit petits.

G.   Gazelle.

La Gazelle est un joli quadrupède d'une taille fine et bien prise, et dès plus légers à la course. Elle a des cornes.

Il y a une espèce de Gazelle qui donne le *musc* ; on la distingue surtout à une petite bourse d'environ un pouce, qui s'élève au-dessus du ventre : c'est dans cette bourse que le musc se trouve.

Voici la manière cruelle dont on obtient le musc. On frappe la Gazelle à coups de bâton, jusqu'à ce qu'il se forme sur son corps des bosses et des contusions où le sang se ramasse. On lie ensuite la peau dans les endroits où le sang extravasé l'a fait élever, et l'on serre

tellement ce nœud, que le sang qui est renfermé dans cette espèce de poche n'en peut plus sortir. On laisse ensuite sécher ces poches sur l'animal jusqu'à ce qu'elles tombent d'elles-mêmes. C'est là qu'on trouve ce sang parfumé, qui s'est converti en musc au bout d'un mois.

H. Hippopotame.

Ce vilain animal, qui est effrayant, s'appelle encore Cheval de rivière. Il ressemble effectivement en quelque chose au Cheval, et vit autant dans l'eau que sur la terre. Il se trouve dans presque toutes les grandes rivières de l'Afrique. Il se promène au fond de l'eau, comme nos Chevaux dans les prairies.

Sa peau est noire, presque sans poil, et si dure sur le dos, qu'une flèche et même une balle ne peuvent l'entamer.

Il mange des poissons, et vient aussi paître sur le rivage des rivières. La femelle accoutume ses petits à se plonger dans l'eau au moindre bruit.

I. Isatis.

L'Isatis ressemble tout-à-fait au Renard, par la forme du corps et par la longueur de la queue ; mais par la tête, il ressemble plus au Chien.

Il y a des Isatis de deux couleurs ; des blancs et des bleus cendrés.

La voix de l'Isatis tient de l'aboiement du Chien et du glapissement du Renard.

L'Isatis vit de rats, de lièvres et d'oiseaux. Il a autant de finesse que le Renard pour les attraper. Il se jette à l'eau, et traverse les lacs pour chercher le nid des canards et des oies ; il en mange les œufs et les petits, et n'a pour ennemi que le Glouton, qui lui dresse des embûches au passage.

J. Jaguar.

Le Jaguar est un animal carnassier de l'Amérique, à peu près de la grosseur d'un Dogue ; il est tacheté comme le Tigre. Quand il est pressé par la faim, il est aussi dangereux ; mais il ne faut, pour le faire fuir, que lui présenter un tison allumé. Quand il a bien mangé, il n'a plus de courage.

Lorsque les Jaguars sont affamés, ils attaquent les vaches et les bœufs en leur sautant sur le dos; ils enfoncent les griffes de la patte gauche sur le cou; et lorsque le bœuf est tombé, ils le déchirent, et traînent les lambeaux de sa chair dans les bois, après lui avoir ouvert la poitrine et le ventre pour boire tout le sang, dont ils se contentent pour une première fois. Ils couvrent ensuite avec des branches les restes de leur proie, et ne s'en écartent guère; mais lorsque la chair commence à se corrompre, ils n'en mangent plus.

K. Kabassou.

Le Kabassou mérite, par sa structure, qu'on l'examine soigneusement. Il n'a ni poils ni plumes, comme les autres animaux; mais son corps est couvert en partie d'un têt dont la substance est semblable à celle des os. Ce têt est disposé à peu près comme l'armure des anciens guerriers, c'est-à-dire que les bandes osseuses entrent les unes sur les autres, pour donner à l'animal, au moindre danger, la facilité de se ramasser en une boule qui peut résister à tous les chocs, de quelque côté qu'on l'attaque.

Cette armure naturelle est couverte d'une peau légère, qui fait l'effet du vernis.

tison allumé. Quand il a bien mangé, il n'a plus de courage.

Lorsque les Jaguars sont affamés, ils attaquent les vaches et les bœufs en leur sautant sur le dos ; ils enfoncent les griffes de la patte gauche sur le cou ; et lorsque le bœuf est tombé, ils le déchirent, et traînent les lambeaux de sa chair dans les bois, après lui avoir ouvert la poitrine et le ventre pour boire tout le sang, dont ils se contentent pour une première fois. Ils couvrent ensuite avec des branches les restes de leur proie, et ne s'en écartent guère ; mais lorsque la chair commence à se corrompre, ils n'en mangent plus.

K. Kabassou.

Le Kabassou mérite, par sa structure, qu'on l'examine soigneusement. Il n'a ni poils ni plumes, comme les autres animaux; mais son corps est couvert en partie d'un têt dont la substance est semblable à celle des os. Ce têt est disposé à peu près comme l'armure des anciens guerriers, c'est-à-dire que les bandes osseuses entrent les unes sur les autres, pour donner à l'animal, au moindre danger, la facilité de se ramasser en une boule qui peut résister à tous les chocs, de quelque côté qu'on l'attaque.

Cette armure naturelle est couverte d'une peau légère, qui fait l'effet du vernis.

Le Kabassou, à ce têt prêt, est conformé comme les autres animaux. Il n'est point méchant, ne vit que de fruits, et se creuse un terrier avec plus de promptitude encore que la Taupe.

L. Léopard.

Le Léopard a la forme du Chat, mais est bien un autre animal. Sa fourrure est douce et fort belle; son caractère est féroce et sanguinaire. Quand il est rassasié, il se plaît encore à déchirer les animaux qui lui tombent sous la griffe.

Son œil est inquiet, son regard cruel, ses mouvemens brusques. Il monte sur les arbres avec beaucoup d'agilité, y poursuit les

animaux qui s'y réfugient, et se laisse tomber sur ceux qui passent en bas, pour les déchirer et les dévorer.

C'est le plus cruel des animaux. Il fuit la présence de l'homme, et erre dans les déserts sablonneux de l'Afrique.

M. Marmotte.

Nous connoissons ce petit animal : nous avons vu de jeunes garçons qui quelquefois faisoient danser la Marmotte, et la remettoient ensuite dans leur petite boîte ; mais il faut la voir dans les montagnes qu'elle habite.

Son domicile, ordinairement exposé au midi, est construit avec un art singulier, sur le penchant d'une colline. Elle creuse un trou où elle se fait une couche d'herbes fines et de mousse. Plusieurs Marmottes se réunissent pour construire ce domicile. L'une creuse, et les autres vont chercher des herbes et de la mousse.

Cette demeure, une fois préparée, est pour tous les descendans de chaque famille, à moins que quelque chasseur ou quelque bouleversement souterrain ne la détruise.

On ne sort de ces habitations que lorsque le temps est chaud, beau et serein. On va jouer, se divertir, brouter l'herbe aux environs. Une sentinelle, placée sur le sommet d'un rocher, avertit la troupe au moindre danger. Aperçoit-elle un aigle, un homme, un chien, elle fait un cri. Toute la gent marmottine se retire dans sa tanière ; la sentinelle ne rentre que la dernière.

A l'approche de l'hiver, les Marmottes bouchent les issues de leurs demeures si exactement, qu'on n'en peut distinguer la place.

Alors elles se roulent les unes contre les autres, et dorment, ou plutôt restent engourdies jusqu'au printemps.

N.   Nagor.

Nous avons parlé de la Gazelle, qui est si légère et si jolie. Le Nagor est une espèce de Gazelle de la grandeur d'un Chevreuil. Il a aussi de petites cornes, légèrement courbées, et dirigées en ayant.

Le Nagor est d'un roux pâle sur tout le corps, et n'a pas le ventre blanc comme les autres Gazelles. Sa manière de vivre est la même que celle des Gazelles ; ainsi nous n'en parlerons pas davantage.

O. Orang-Outang.

L'Orang-Outang est une espèce de Singe, celle dont la ressemblance avec l'homme est plus frappante.

Ces animaux, pris jeunes, s'apprivoisent très-facilement. On les emploie à différens travaux domestiques.

On en a vu qui prenoient toutes nos habitudes; comme de s'asseoir à table, faire usage de la rviette, du couteau, de la fourhette ; se verser à boire, chouer le verre, lorsqu'ils y étoient vités ; se promener gravement ec les gens qui venoient les vier ; leur présenter la main pour s conduire, et nombre d'autres 1oses.

On appelle encore l'Orang-utang Homme sauvage. Son ractère est doux.

Dans l'état de liberté, il se construit des cabanes de branches enelacées. Il est d'une force prodi-euse. Il fait la guerre aux Éléans, et même aux Nègres.

Porc-Épic.

Le Porc-épic est tout hérissé pointes qui piquent très-fort.

rement courbées, et dirigées e[n]
ayant.

Le Nagor est d'un roux pâle su[r]
tout le corps, et n'a pas le ventr[e]
blanc comme les autres Gazelle[s.]
Sa manière de vivre est la mêm[e]
que celle des Gazelles; ainsi nou[s]
n'en parlerons pas davantage.

O. Orang-Outang.

L'Orang-Outang est une espèce de Singe, celle dont la ressemblance avec l'homme est plus
frappante.

Ces animaux, pris jeunes, s'apprivoisent très-facilement. On
les emploie à différens travaux
domestiques.

On en a vu qui prenoient toutes nos habitudes; comme de s'asseoir à table, faire usage de la

serviette, du couteau, de la fourchette; se verser à boire, choquer le verre, lorsqu'ils y étoient invités; se promener gravement avec les gens qui venoient les visiter; leur présenter la main pour les conduire, et nombre d'autres choses.

On appelle encore l'Orang-Outang Homme sauvage. Son caractère est doux.

Dans l'état de liberté, il se construit des cabanes de branches entrelacées. Il est d'une force prodigieuse. Il fait la guerre aux Éléphans, et même aux Nègres.

P.   Porc-Épic.

Le Porc-épic est tout hérissé de pointes qui piquent très-fort.

Lorsqu'il est en colère, il s'enfle, frappe la terre, et se jette sur son ennemi pour le frapper de mille dards à la fois. Les Chiens qui le chassent, ne savent par quel côté l'aborder.

Il vit douze ou quinze ans. Sa chair est peu estimée.

Q. Quereiva.

Cet oiseau se trouve à la Guiane, dans l'Amérique.

Il est à peu près gros comme une Grive. Ses plumes sont d'une très-jolie couleur. A leur origine, elles sont d'un beau noir; mais leur extrémité, c'est-à-dire le bout seul qui est vu, est d'un bleu vert; ce qui produit un effet fort agréable.

La gorge et le cou sont d'un

pourpre-violet très-éclatant. Ses ailes sont presque noires, ainsi que sa queue.

R. Rhinocéros.

Après l'Éléphant, le Rhinocéros est le plus gros des quadrupèdes. Il se trouve en Asie et en Afrique. Il vit d'herbes, de feuillages, de branches d'arbres. Sa peau est rude, écailleuse, et plus épaisse sur le dos que sous le ventre. Son cri est semblable à celui d'un bœuf poussif, et ne s'entend de loin que lorsqu'il est furieux. Il n'est point d'un caractère féroce, et ne fait aucun mal aux hommes qui ne l'attaquent point.

Le Rhinocéros et l'Éléphant sont ennemis mortels. La possession d'un pâturage excite entre eux des combats terribles. Le Rhinocéros, avec la corne qu'il porte sur le nez, cherche à éventrer l'Éléphant; celui-ci, avec sa trompe et ses longues défenses, le harcelle, le déchire, le hache, le met en pièces. La victoire le plus souvent reste au Rhinocéros.

On croit que le Rhinocéros est quinze ans à prendre sa croissance et qu'il vit cent ans.

S.   Sanglier.

Cet animal sauvage est la source primitive du Cochon domestique. Il a la même manière de vivre, les mêmes inclinations.

La femelle du Sanglier s'appelle *Laie*, et ses petits, *Marcassins*.

Le Sanglier a deux fortes défenses ou longues dents, qui le rendent très - dangereux. Il tue avec la plus grande facilité les chiens que l'on met à sa poursuite. Lorsqu'il est pressé vivement par une meute, il s'accule contre un arbre, et fait une défense terrible, si les chasseurs lui en donnent le temps.

La partie la plus recherchée du Sanglier est la hure ou la tête. On fait avec sa peau des cribles, et avec ses soies des pinceaux, des brosses. La graisse sert à faire le saindoux ou le vieux oing.

Le Sanglier vit à peu près vingt-cinq ans. Les femelles portent, comme celle du Cochon, un grand nombre de petits.

T.   Tapir.

Le Tapir est un animal de l'Amérique. Il est de la grosseur d'une petite Vache, mais sans cornes et sans queue. Il a la tête grosse et longue, avec une espèce de trompe formée par le prolongement de la lèvre supérieure, mais infiniment plus courte et moins parfaite que celle de l'Eléphant.

Le Tapir fait son gîte sur les collines et dans les endroits secs ; mais il fréquente les lieux marécageux pour y trouver sa subsistance. Il se nourrit de rejetons, de pousses tendres, et surtout de fruits tombés des arbres. Il aime la propreté, et va tous les matins et tous les soirs traverser quelque rivière ou se laver dans quelque lac.

Les Tapirs n'ont d'autre cri qu'une espèce de sifflet vif et aigu, que les chasseurs sauvages imitent assez parfaitement pour les faire approcher, et les tirer de très-près.

La femelle paroît avoir grand soin de son petit; non-seulement elle lui apprend à nager, jouer et plonger dans l'eau, mais lorsqu'elle est à terre, elle s'en fait constamment accompagner; et si le petit reste en arrière, elle retourne de temps en temps sa trompe, dans laquelle est placé l'organe de l'odorat, pour sentir s'il suit ou s'il est trop éloigné, et dans ce cas, elle l'appelle, et l'attend pour se remettre en marche

U. Ursin.

On nomme Ursin le petit d'un Ours.

L'Ours aime la solitude, et voilà pourquoi l'on dit de quelqu'un qui veut être seul : Il est comme un Ours.

Il est couvert d'un long poil destiné à lui tenir chaud, parce qu'il ne paroît guère que dans les pays froids et dans les montagnes dont le sommet est couvert de neige.

L'ours a les pates de devant faites de manière à pouvoir tenir un bâton, des fruits, etc. Il peut se tenir debout sur ses pates de derrière ; et quand on le prend jeune, on lui apprend à marcher, à danser, à gesticuler.

La demeure de l'Ours est une caverne ou le creux d'un arbre ; quelquefois il s'en fait une avec assez

d'intelligence. Il prend des morceaux de bois qu'il casse et dispose en forme de petite loge ; il les recouvre ensuite de paille, d'herbe et de boue ; de manière qu'il est là-dedans à couvert du vent et de la pluie. Il reste presque tout l'hiver dans sa bauge.

L'Ours ne montre volontiers de méchanceté que lorsqu'on l'attaque. La femelle est dangereuse lorsqu'elle a des petits et qu'elle craint pour eux. Elle en a ordinairement trois ou quatre. L'Ours vit vingt-cinq ans.

La voix de l'Ours est un grondement, un gros murmure, et souvent un frémissement de dents qu'il fait entendre lorsqu'on l'irrite.

V. Vari.

Le *Vari* est de la grosseur d'un Chien de moyenne grandeur, et est noir ou blanc. Il est extrêmement sauvage, et se trouve dans les forêts de l'Afrique. Ses pates de devant et de derrière sont conformées comme celles du Singe.

Les voyageurs disent que les *Varis* sont furieux comme des Tigres, et que, s'il y en a seulement deux, il semble qu'il y en ait un cent. Ils sont très-difficiles à apprivoiser.

La voix du *Vari* tient un peu du rugissement du Lion, et est effrayante lorsqu'on l'entend pour la première fois.

X. Xochitol.

Cet oiseau vit en Amérique, et est fort peu connu.

Il a le dos et le croupion noirs; la poitrine, le ventre et le dessous du corps d'un jaune de safran mêlé d'un peu de noir. Les ailes sont variées de noir et de blanc. La queue est de la même couleur que le dessous du corps.

Y. Yarque.

L'Yarque est une espèce de Singe, assez jolie. Tout le monde sait combien les Singes sont adroits; l'Yarque ne leur cède en rien. Il marche sur ses pates de derrière, se sert de celles de devant comme de deux petites mains, il prend avec beaucoup de grâce un fruit, le mange et rejette le trognon.

Les Singes qui vivent dans les bois vont par troupes; ils ont l'air de former un peuple, dont le voisinage n'est pas très-agréable. Quand ils ont aperçu dans un champ des fruits qui les tentent, ils guettent le moment favorable, font une irruption de vrais pillards, et ne se retirent que lorsqu'ils ont gâté trois fois plus de choses qu'ils n'en peuvent manger.

Les Singes se réunissent quand ils veulent attaquer quelques animaux qui leur déplaisent. Ils montent avec beaucoup d'adresse sur les arbres, et se plaisent à courir entre les branches et le feuillage. Ils sont fort friands d'œufs d'oiseaux et de leurs petits.

Dans les endroits où croissent le poivre et le coco, les Indiens se servent de l'instinct imitateur des Singes pour en recueillir ce qu'ils ne pourroient avoir sans leur secours. Ils montent sur les premières branches; ils en cassent l'extrémité, où est le fruit, l'arrangent par terre comme par jeu, et se retirent. Les Singes, qui les ont examinés, viennent aussitôt après sur les mêmes arbres, les dépouillent jusqu'à la cime, et disposent ces branches comme ils l'ont vu faire aux Indiens; ceux-ci reviennent pendant la nuit, et enlèvent la récolte.

Z.   Zébu.

Le Zébu est une espèce de Bœuf; il est cependant plus petit que les Bœufs que nous avons tous les jours sous nos yeux. Ce qui le distingue, c'est une grosse bosse qu'il a sur le dos. La bosse de la femelle est moins grosse que celle du mâle. On trouve ces animaux dans l'Asie.

Le Zébu a la même manière de vivre que nos Bœufs et nos Vaches. Le petit Zébu tette sa mère comme le Veau, et la femelle a du lait qui est aussi bon que le lait de nos Vaches.

PRINCIPALES RÈGLES

DE L'ORTHOGRAPHE.

L'ORTHOGRAPHE est la manière d'écrire correctement les mots d'une langue, c'est-à-dire, de les écrire avec les lettres et les accens nécessaires.

Règles à observer dans l'orthographe des noms.

La première règle qu'il faut observer dans l'orthographe des noms, c'est d'ajouter une *s* au pluriel : ainsi on écrit un *homme*, une *maison*, et les *hommes*, les *maisons*.

Le pluriel est semblable au singulier dans tous les noms qui se terminent au singulier par *s*, *x*, ou *z* : ainsi on écrit le *fils*, les *fils*; la *voix*, les *voix*; le *nez*, les *nez*.

Les noms terminés au singulier par *au*, *eu*, *ou*, prennent *x* au pluriel : le *bateau*, les *bateaux;* le *feu,* les *feux;* le *caillou,* les *cailloux.*

La plupart des noms terminés au singulier par *al, ail,* font leur pluriel en *aux:* le *mal,* les *maux,* le *travail, les travaux. Aïeul, ciel, œil,* font au pluriel *aïeux, cieux, yeux.*

Les noms terminés en *ant* et en *ent* forment ordinairement leur pluriel en changeant le *t* en *s;* exemple : L'*enfant,* les *enfans;* le *commencement,* les *commencemens,* etc. Mais les monosyllabes conservent nécessairement le *t* avant l'*s* au pluriel, le *gant,* les *gants;* la *dent,* les *dents,* etc.

Les noms propres ne prennent point la marque du pluriel. Ainsi on écrit sans *s,* les *Cicéron,* les *Fénélon,* les *Corneille,* les *Racine,* etc.

Ce peu d'exemples suffisent pour apprendre qu'il est essentiel de distinguer, en écrivant, le singulier d'avec le pluriel.

Des Adjectifs.

Les adjectifs suivent les mêmes règles

que les noms ; ils exigent au pluriel une *s* ou un *x*, suivant les circonstances, c'est-à-dire, suivant leur terminaison ; mais, dans tous les cas, ils doivent s'accorder en genre et en nombre avec les noms.

Ils s'accordent en genre, c'est-à-dire, que, si le nom est au masculin, l'adjectif doit être au masculin également : un *beau livre*, un *grand château*, un *homme courageux*. Si le nom est féminin, il faut que l'adjectif soit féminin de même, une *belle femme*, une *grande maison*, une *armée heureuse*.

Le nom et l'adjectif s'accordent en nombre, c'est-à-dire que, si le nom est au pluriel, comme nous l'avons dit, l'adjectif est nécessairement aussi au pluriel : les *animaux apprivoisés*, les *arbres touffus*, les *femmes vertueuses*, etc.

Les adjectifs qui se terminent par un *e* muet sont les seuls qui, au masculin et au féminin, ont la même terminaison ; ainsi on dit également un homme *aimable*, *habile* ; une femme *aimable*, *habile* ; un époux *fidèle*, une épouse *fidèle*; un ciel *tranquille*, une mer *tranquille*.

Mais les adjectifs qui se terminent en *é, ai, i, u*, au masculin, prennent un *e* muet au féminin; exemple : *un homme sensé, vrai, poli, ingénu; une femme sensée, vraie, polie, ingénue*. Il faut bien remarquer cette règle, à laquelle manquent tous ceux qui ne savent pas leur langue par principes.

Les adjectifs masculins en *el, ul, eil*, prennent au féminin *elle, ulle, eille* : homme *mortel*, femme, *mortelle; nul, nulle; vermeil, vermeille*.

Les adjectifs en c, comme *blanc, franc, sec, caduc, grec, public, turc*, font au féminin *blanche, franche, sèche, caduque, grecque, publique, turque*.

Les adjectifs en *f* font leur féminin en *ve. Bref, brève; vif, vive*.

Ceux qui sont terminés en *eur* font leur féminin en *euse : trompeur, trompeuse; menteur, menteuse*.

Enfin, ceux qui sont terminés en *x* se changent en *se. Dangereux, dangereuse;*

paresseux, *paresseuse* : mais *doux* fait *douce* ; *faux* fait *fausse*.

Des noms composés.

On appelle noms composés ceux qui sont formés de deux ou trois mots.

Quand un mot est composé de deux substantifs, ils prennent tous deux la marque du pluriel. Exemple : un *chef-lieu*, des *chefs-lieux*.

Quand un nom est composé d'un substantif et d'un adjectif, le substantif et l'adjectif prennent l'un et l'autre la marque du pluriel. Exemple : un *arc-boutant*, des *arcs-boutans* ; un *bout-rimé*, des *bouts-rimés*.

Quand les noms composés sont formés d'une préposition ou d'un verbe et d'un nom, le nom seul prend la marque du pluriel. Exemple : un *avant-coureur*, un *entre-sol*, un *abat-vent*, un *garde-fou* ; des *avant-coureurs*, des *entresols*, des *abat-vents*, des *garde-foux*.

Quand un mot est formé de deux noms unis par une préposition, le premier des deux noms doit seul prendre la marque du pluriel. Un *arc-en-ciel*, des *arcs-en-ciel*; un *chef-d'œuvre*, des *chefs-d'œuvre*, etc. : c'est comme si on disait des *arcs dans le ciel*, des *chefs de l'œuvre*.

Il y a quelques mots que nous avons adoptés du latin sans les changer, et auxquels on ne met point la marque du pluriel; ainsi on écrit des *opéra*, des *duo*, des *alinéa*, des *aparté*, des *quiproquo*, des *factum*, etc.

Orthographe des verbes.

Dans l'orthographe des verbes, il faut d'abord savoir comment s'écrit le verbe dont il est question à l'*infinitif*, et ensuite prendre garde au *temps* qu'il désigne et à *la personne* qui parle ou dont on parle. Prenons le verbe *aimer* pour exemple.

L'infinitif se termine par *er* : *aimer, il faut aimer*, que l'on prononce comme *é* fermé, à moins qu'une voyelle ne commence le mot qui suit. Ainsi on dit, en faisant sonner l'*r*, *aimer une personne*, et sans faire sonner l'*r*, *aimer quelqu'un*.

Au participe on met l'*é* fermé, et l'on écrit *un homme aimé*. Le participe suit la règle des adjectifs, c'est-à-dire, qu'on le fait accorder en genre et en nombre avec le nom auquel il se rapporte. Ainsi on met une *s* au participe dans *les hommes aimés*, et un *e* muet dans *femme aimée*.

Ce participe, joint au verbe auxiliaire *être*, qui forme le passif *être aimé*, suit également la règle des adjectifs : ainsi, si un homme écrit *je suis aimé*, il se contente de mettre l'*é* fermé ; mais si c'est une femme, elle ajoute l'*e* muet, et écrit *je suis aimée*. Il faut avoir la même attention dans les autres *personnes* de chaque *temps: il est aimé, elle est aimée.*

La première *personne* du *présent* de l'*indicatif* est *j'aime;* la seconde, *tu aimes*. Il faut bien remarquer que dans tous les verbes, cette seconde personne du singulier prend toujours une *s*, quoiqu'on ne la prononce jamais que devant un mot commençant par une voyelle : c'est une des habitudes de notre orthographe. *Il aime*, qui se prononce de même, n'en prend point. *Nous aimons* : cette première personne du pluriel du présent et de tous les autres temps se termine toujours par une *s*; c'est ce qu'il faut bien remarquer, afin de ne point mettre une *s* également à la troisième personne du pluriel, par exemple, du futur *ils aimeront*, qui se prononce de même, quand le mot qui suit ne commence pas par une voyelle. Cette troisième personne du pluriel, dans tous les *temps*, veut un *t* : *ils aiment*, qu'on prononce comme *aime* quand une voyelle ne suit pas, se termine toujours par un *t*, mais que l'on fait encore procéder d'une *n*, qui paroît totalement inutile. Pour savoir d'où vient l'usage de ces lettres *nt*, il faut dire que, dans l'enfance de notre langue, on prononçoit ils *aimint*, en passant légèrement sur *int*; peu à peu ces trois lettres n'eurent la valeur que d'un *e* muet, et aujourd'hui on ne les fait sentir que devant une voyelle : *ils aiment à rire.*

La seconde personne du pluriel, *vous aimez* se termine par *ez.*

L'imparfait de l'indicatif se termine toujours de cette manière : *ois*, *ois*, *oit*, *ions*, *iez*, *oient*.

J'aim*ois*, tu aim*ois*, il aim*oit* ; nous aim*ions*, vous aim*iez*, ils aim*oient*.

Le temps parfait ou passé, *j'ai aimé*, étant composé du verbe auxiliaire *avoir*, et du participe *aimé*, suit les deux règles des verbes et des participes : *j'ai aimé, tu as aimé, il a aimé ; nous avons aimé, vous avez aimé, ils ont aimé*. Il faut remarquer ici que le participe *aimé* ne s'accorde point avec la personne qui fait le sujet de la phrase ; ainsi on écrit : *Pierre a aimé ce séjour, Lise a aimé ce séjour ; nous avons aimé ce séjour*; parce qu'*aimé* ne se rapporte ni à *Pierre*, ni à *Lise*, ni à *nous*.

Le parfait défini : j'*aimai*, tu *aimas*, il *aima* ; nous *aimâmes*, vous *aimâtes*, ils *aimèrent*.

Le parfait antérieur : j'*eus* aimé, tu *eus* aimé, il *eut* aimé ; nous *eûmes*, vous *eûtes*, ils *eurent* aimé.

Plusque-parfait : j'*avois*, tu *avois*, il *avoit;* nous *avions*, vous *aviez*, ils *avoient* aimé.

Futur ou temps à venir : j'*aimerai*, tu *aimeras*, il *aimera;* nous *aimerons*, vous *aimerez*, ils *aimeront*.

Futur passé : j'*aurai* aimé, etc.

Conditionnel présent : j'*aimerois*. L'oreille seule avertit que ce temps demande une autre orthographe que le futur j'*aimerai*. J'*aimerois*, tu *aimerois*, il *aimeroit;* nous *aimerions*, vous *aimeriez*, ils *aimeroient*.

Conditionnel passé : j'*aurois* aimé, etc. Le Verbe auxiliaire j'*aurois* suit l'orthographe de j'*aimerois*.

J'*eusse* aimé, tu *eusses*, il *eût*, nous *eussions*, vous *eussiez*, ils *eussent* aimé. Il est bien essentiel de ne pas confondre l'orthographe de ce temps avec celle du parfait antérieur j'*eus* aimé. Vous remarquerez aussi qu'on met un accent circonflexe sur l'*u* de la troisième personne du

…igulier, parce que cet *û* est long, et autrefois on écrivait il *eust*.

…mpératif : *aime*. Point d's ici, quoique …soit une seconde personne.

…mparfait du subjonctif : que j'*aimasse*, …e tu *aimasses* (toujours l's finale) qu'il …*ât* (l'accent circonflexe sur l'*a* qui est …g); que nous *aimassions*, que vous …*nassiez*, qu'ils *aimassent*.

Parfait du subjonctif : que j'*aie* aimé, …tu *aies*, qu'il *ait*; que nous *ayons*, …vous *aiez*, qu'ils *aient* aimé.

…'orthographe de ces différens temps du …rbe *aimer* doit servir de règle pour …is les verbes dont l'infinitif est en *er* : …si, *charmer*, *danser*, *enflammer*, etc., …les mêmes terminaisons. Il ne s'agit …ic, comme nous l'avons dit en com-…nçant cet article, que de voir comment …crit l'infinitif; car c'est de là que décou-…it tous les autres temps.

…l y a cependant dans notre langue nom-…de verbes dont quelques temps res-…blent peu à l'infinitif; par exemple, je

Plusque-parfait : j'*avois*, tu *avois* *avoit*; nous *avions*, vous *aviez*, ils *avo*[ient] aimé.

Futur ou temps à venir : j'*aimerai*, [tu] *aimeras*, il *aimera* ; nous *aimerons*, v[ous] *aimerez* , ils *aimeront*.

Futur passé : j'*aurai* aimé, etc.

Conditionnel présent : j'*aimerois*. L[']oreille seule avertit que ce temps deman[de] une autre orthographe que le futur j'[ai]*merai*. J'*aimerois*, tu *aimerois* , il *ai*[me]*roit*; nous *aimerions* , vous *aimeriez*, [ils] *aimeroient*.

Conditionnel passé : j'*aurois* aimé, e[tc.] Le Verbe auxiliaire j'*aurois* suit l'orth[o]graphe de j'*aimerois*.

J'*eusse* aimé, tu *eusses* , il *eût*, n[ous] *eussions*, vous *eussiez*, ils *eussent* ai[mé.] Il est bien essentiel de ne pas confond[re] l'orthographe de ce temps avec celle [du] parfait antérieur j'*eus* aimé. Vous rem[ar]querez aussi qu'on met un accent circ[on]flexe sur l'*û* de la troisième personne singulier, parce que cet *û* est long, et qu'autrefois on écrivait il *eust*.

Impératif : *aime*. Point d's ici, quoique ce soit une seconde personne.

Imparfait du subjonctif : que j'*aimasse*, que tu *aimasses* (toujours l's finale) qu'il *aimât* (l'accent circonflexe sur l'*a* qui est long); que nous *aimassions*, que vous *aimassiez*, qu'ils *aimassent*.

Parfait du subjonctif : que j'*aie* aimé, que tu *aies*, qu'il *ait* ; que nous *ayons*, que vous *aiez*, qu'ils *aient* aimé.

L'orthographe de ces différens temps du verbe *aimer* doit servir de règle pour tous les verbes dont l'infinitif est en *er* : ainsi, *charmer*, *danser*, *enflammer*, etc., ont les mêmes terminaisons. Il ne s'agit donc, comme nous l'avons dit en commençant cet article, que de voir comment s'écrit l'infinitif ; car c'est de là que découlent tous les autres temps.

Il y a cependant dans notre langue nombre de verbes dont quelques temps ressemblent peu à l'infinitif ; par exemple, je *viendrai*, je *suis venu*, ont peu de rapport avec l'infinitif *venir;* mais ces irrégularités ne changent point la manière d'orthographier les terminaisons qui indiquent les temps.

Tous les verbes dont l'infinitif est en *er*, ont la première personne du présent de l'indicatif qui se termine par un *e* muet; mais presque tous les autres prennent une *s* ou *x*. Ainsi, *boire*, *croire*, font je *bois*, je *crois;* à la troisième personne on change l's en *t*, il *croit*, il *boit*. *Vouloir* fait je *veux*, avec un *x*, qui se conserve à la seconde personne, et qui se change en *t* à la troisième : il *veut*. *Boire*, *croire*, font au parfait, j'ai *bu*, j'ai *cru*, sans *s* ni *t*; mais il faut en mettre une au parfait défini : je *bus*, tu *bus*, il *but*.

Faire donne au présent de l'indicatif, je *fais*, tu *fais*, il *fait*. Le participe est *fait;* ainsi le parfait est j'ai *fait*. *Dire*, donne je *dis*, au parfait j'ai *dit*.

Les verbes en *cre*, *tre* et *dre* se terminent à la première et à la seconde personne, en *cs*, *ts*, ou *ds* ; à la troisième on ne fait que retrancher *s*. *Convaincre*, je *convaincs*, tu *convaincs*, il *convainc* ; combattre, je *combats*, tu *combats*, il *combat* ; *répandre*, je *répands*, tu *répands*, il *répand*.

Les verbes en *ier* prennent un *e* muet : *étudier*, j'*étudie*, tu *étudies*, il *étudie* ; *envoyer*, j'*envoie*, il *envoie*.

Les verbes en *ir* prennent un *s* : *finir* je *finis*, il *finit*.

Des consonnes finales.

Les consonnes finales ne se prononcent point dans la plupart des mots ; et l'on est souvent embarrassé pour orthographier les syllabes de plusieurs noms.

Pour savoir comment s'écrivent les finales des substantifs, il faut faire attention aux mots qui en sont dérivés. Par exemple, on écrira *plomb*, à cause de *plomber* ; le *blanc*, le *franc*, le *sec*, de *blancheur*, *franchise*, *sécheresse;* le *rond*, le *hasard*, l'*accord*, le *dard*, de *rondeur*, *hasarder*, *accorder*, *darder;* le *rang*, le *sang*, le *hareng*, de *ranger*, *sanguin*, *harengère :* le *fusil*, le *sourcil*, de *fusiller*, *sourciller;* le *parfum*, le *nom*, de *parfumer*, *nommer;* le *van*, le *charlatan*, l'*aiguillon*, la *raison*, le *raisin*, le *tribun*, de *vanner*, *charlatanerie*, *aiguillonner*, *raisonner*, *raisiné*, *tribunat;* le *camp*, le *drap*, le *galop*, de *camper*, *drapier*, *galoper;* le *sens*, le *bon-sens*, de *sensible*, *sensé;* embarras, accès, d'*embarrasser*, *accessible;* tapis, repos, de *tapissier*, *reposer;* projet, abricot, sanglot, de *projeter*, *abricotier*, *sangloter;* début, rebut, salut, de *débuter*, *rebuter*, *saluer;* récit, crédit, fruit, la *nuit*, de *réciter*, *accréditer*, *fruitier*, *nuitamment*.

De Wailly.

FIN.

www.ingramcontent.com/pod-product-compliance
Lightning Source LLC
LaVergne TN
LVHW050639090426
835512LV00007B/931